TUDO SOBRE

DEMI LOVATO

EDITORA NOVA FRONTEIRA PARTICIPAÇÕES S.A.
Rua Nova Jerusalém, 345 – Bonsucesso – 21042-235
Rio de Janeiro – RJ – Brasil
Tel.: (21) 3882-8200 – Fax: (21)3882-8212/8313

CIP-BRASIL. CATALOGAÇÃO NA PUBLICAÇÃO
SINDICATO NACIONAL DOS EDITORES DE LIVROS, RJ

T827

Tudo sobre Demi Lovato - 1. ed. - Rio de Janeiro : Agir, 2015.
112p.

ISBN 978.85.220.3101-6

1. Demi Lovato (Cantora americana) 2. Músicos de rock - Estados Unidos da América. I. Título

CDD: 927.824166
CDU: 929.78.067.26

Foto: JStone-Shutterstock.com

DEMI LOVATO

QUEM É DEMI LOVATO

Demi Lovato, cujo nome completo é Demetria Devonne Lovato, nasceu em Albuquerque, estado do Novo México, EUA, em 20 de agosto de 1992. Ela é filha de Patrick Martin Lovato e Dianna Lee Hart. Tem três irmãs, Dallas, Madison e Amber. Seus pais são divorciados desde 1994.

ELA COMEÇOU A TOCAR PIANO COM A IDADE DE 7 ANOS, E AOS 10 PASSOU A TOCAR GUITARRA. TAMBÉM RECEBEU AULAS DE DANÇA E DE REPRESENTAÇÃO DRAMÁTICA.

Embora nascida no Novo México, Demi foi criada no Texas, em Dallas, onde veio a conhecer sua melhor amiga, Selena Gomez. De Dallas elas foram para Los Angeles, na Califórnia, para trabalhar na TV. Demi, assim como Selena, começou sua carreira artística atuando no programa infantil de TV *Barney* (*Barney e seus amigos*), fazendo a personagem Angela.

EM 2006, DEMI LOVATO APARECEU NA SÉRIE DE TV *PRISON BREAK*, E NO ANO SEGUINTE, NA SÉRIE *JUST JORDAN*.

Em 2007 e 2008 Demi interpretou Charlotte Adams na série *As the Bell Rings*, no Disney Channel. Em meados de 2007, Demi fez testes para o filme *Camp Rock* e para a série *Sonny with a Chance*, ambos do Disney Channel, obtendo os dois papéis — em *Camp Rock*, Demi fez Mitchie Torres, uma aspirante a cantora. O filme foi ao ar pela primeira vez em 20 de junho de 2008.

NA TRILHA SONORA DE *CAMP ROCK*, EDITADA SIMULTANEAMENTE COM O FILME, DEMI CANTOU QUATRO CANÇÕES, INCLUINDO 'WE ROCK' E 'THIS IS ME'. EM SEGUIDA ELA DEU INÍCIO A SUA PRIMEIRA TURNÊ, DEMI LIVE! WARM UP TOUR, POUCO ANTES DE LANÇAR SEU ÁLBUM DE ESTREIA, *DON'T FORGET*, E APARECER COMO CONVIDADA NA TURNÊ BURNIN' UP TOUR, DOS JONAS BROTHERS.

Sonny with a Chance foi a sitcom na qual Demi Lovato fez a personagem Sonny Munroe, a mais nova do elenco do show *So Random!*, que foi ao ar em fevereiro de 2009, muito bem recebida pela crítica. Em junho do mesmo ano, ela co-estrelou (com Selena Gomez) o filme (também do Disney Channel) *Princess Protection Program* (*Programa de proteção para princesas*). A personagem de Demi foi Princesa Rosalinda.

Foto: JStone-Shutterstock.com

Foto: JStone-Shutterstock.com

Foto: Everett Collection-Shutterstock.com

Demi Lovato passou pela experiência de ter sido educada em casa — seu diploma de ginásio foi obtido dessa maneira em abril de 2009. O motivo de ela ter recebido educação em casa foi o bullying escolar. Ela falou dessa experiência ruim na escola no programa de Ellen DeGeneres. Mais tarde, já famosa, Demi se tornou porta-voz da organização anti-bullying PACER – National Bullying Prevention Center, e apareceu no programa *America's Next Top Model*, para falar contra o bullying.

>A MELHOR AMIGA<

★ SELENA GOMEZ ★

Selena Marie Gomez nasceu em Dallas, Texas, em 22 de julho de 1992. Assim como Demi Lovato, Selena Gomez é atriz, cantora, compositora e dançarina. Como atriz, ficou famosa por viver a personagem Alex Russo, na série vencedora do Prêmio Emmy *Os feiticeiros de Waverly Place*, exibida pelo Disney Channel.

SELENA É FILHA DE RICARDO JOEL GOMEZ E MANDY TEEFEY, SEPARADOS DESDE 1997. TEM UMA MEIA-IRMÃ, GRACE. O SEU NOME DE BATISMO É UMA HOMENAGEM À CANTORA TEX MEX (TEXANA-MEXICANA) SELENA QUINTANILLA-PÉREZ, OU SIMPLESMENTE SELENA (1971-1995). ELA FOI UMA DAS MAIS IMPORTANTES PERSONALIDADES DA MÚSICA LATINA E MORREU TRAGICAMENTE AOS 23 ANOS.

Ao lado de Demi Lovato, Selena começou sua carreira em 2000, com apenas 7 anos, no seriado infantil *Barney e seus amigos*, no qual interpretava a personagem Gianna.

EM JUNHO DE 2009, SELENA PROTAGONIZOU, COM SUA AMIGA DE INFÂNCIA, DEMI LOVATO, O FILME PROGRAMA DE PROTEÇÃO PARA PRINCESAS, NO PAPEL DE CARTER MASON.

> BARNEY AND FRIENDS <

A SÉRIE QUE REVELOU

★ DEMI LOVATO ★

Barney e seus amigos é uma série de TV direcionada ao público infantil da primeira idade, produzida nos EUA e criada em 1992. Apresenta Barney, um dinossauro roxo e verde, seus amigos Baby Bop, BJ e Riffinor, e um grupo de crianças amigas. A série tem objetivos socioeducativos.

Várias estrelas futuras, como Demi Lovato, Selena Gomez e Debby Ryan, passaram pelo programa quando pequenas. Novos episódios não são produzidos desde 2010, mas reprises continuam a ir ao ar.

PERSONAGENS DE BARNEY E SEUS AMIGOS

- **Barney:** um dinossauro roxo e verde, que voltou à vida depois de 200 milhões anos graças à imaginação das crianças.
- **BJ:** BJ é um dinossauro amarelo e verde com pintas roxas e tem 7 anos.
- **Baby Bop:** é uma dinossaura verde e roxa, de 3 anos, irmã de BJ.
- **Riff:** Riff é um parassauro, primo de BJ e Baby Bop.

FAMOSOS QUE APARECERAM QUANDO CRIANÇAS

- **Demi Lovato:** interpretando Angela
- **Selena Gomez:** interpretando Gianna
- **Trevor Morgan:** interpretando Cody
- **Kyla Pratt:** interpretando Marcella
- **Madison Pettis:** interpretando Bridget

SONNY WITH A CHANCE

Sunny entre estrelas, no Brasil, foi uma série de TV norte-americana do Disney Channel. Estrelada por Demi Lovato (vivendo Sunny Munroe), estreou em fevereiro de 2009 nos EUA e em maio de 2009 no Brasil. Teve uma segunda temporada exibida nos EUA em 2010.

A série se passa nos bastidores de uma produção de Hollywood. Sunny Munroe sai do estado de Wisconsin e atravessa os EUA para unir-se ao elenco em Los Angeles. É um programa direcionado para o público infantojuvenil. Sunny vive um relacionamento de amor e ódio com Chad Dylan Cooper, astro do programa rival *Mackenzie Falls*.

ELENCO ORIGINAL

- **Demi Lovato** interpretando Sunny Monroe
- **Tiffany Thornton** interpretando Tawni Hart
- **Sterling Knight** interpretando Chad Dylan Cooper
- **Brandon Mychal Smith** interpretando Nico Harris
- **Doug Brochu** interpretando Grady Mitchell
- **Allisyn Ashley Arm** interpretando Zora Lancaster

TESTE

OK! ENTÃO, VOCÊ JÁ ESTÁ RAZOAVELMENTE INFORMADA SOBRE DEMI LOVATO? VAMOS FAZER O TESTE?

1. Quantas irmãs e irmãos Demi Lovato tem?

[a] – Nenhum
[b] – Uma irmã, apenas
[c] – 2 irmãos e uma irmã
[d] – 3 irmãs
[e] – 2 irmãs

2. Qual empresa de show-business contratou Demi Lovato quando ela era ainda menina?

[a] – Cartoon Network
[b] – Discovery Kids
[c] – Disney Channel
[d] – Boomerang
[e] – Tooncast

3. A trajetória de Demi Lovato passa por três cidades americanas importantes, antes de ela se tornar famosa. Sabe dizer quais foram?

[a] – Albuquerque, Dallas e Nova York
[b] – Baltimore, Albuquerque e San Francisco
[c] – Los Angeles, San Francisco e Dallas
[d] – Albuquerque, Dallas e Los Angeles
[e] – Nova York, Albuquerque e Los Angeles

4. Qual o nome da personagem interpretada por Demi Lovato em *As The Bell Rings* e em que ano(s) isso aconteceu?

[a] – Charlene Lupez, em 2007 e 2008
[b] – Sunny Munroe, em 2007
[c] – Angela, em 2005
[d] – Silvia Rodriguez, em 2008
[e] – Charlotte Adams, em 2007 e 2008

5. Qual o nome dos pais de Demi?

[a] – Ricardo e Mandy
[b] – Mike Lovato e Marion
[c] – Patrick Martin e Dianna Lee
[d] – Rodrigo Joel e Charlotte
[e] – Nenhuma das opções

6. Qual o nome da organização contra o bullying da qual Demi Lovato é porta-voz?

[a] – NBPC – National Bullying Prevention Center
[b] – PACER – National Bullying Prevention Center
[c] – RACER – National Bullying Prevention Center
[d] – PECAP – National Bullying Center
[e] – PACER – National No Bullying Center

SE VOCÊ ACERTOU DE 0 A 2 RESPOSTAS:

UHNMM. RECOMECE A LEITURA E REFAÇA O TESTE

SE VOCÊ ACERTOU DE 3 A 5 RESPOSTAS:

ESTÁ MUITO POR DENTRO! PARABÉNS!

SE VOCÊ ACERTOU TODAS AS RESPOSTAS:

BEM, JÁ PODE SE CANDIDATAR A PRESIDENTE DO FÃ-CLUBE DEMI LOVATO (SE É QUE VOCÊ JÁ NÃO É!)

RESPOSTAS: 1 - D, 2 - C, 3 - D, 4 - E, 5 - C, 6 - B

Foto: Jaguar PS-Shutterstock.com

ESTREIA

Demi Lovato lançou seu álbum de estreia, *Don't Forget*, em setembro de 2008, pela Hollywood Records. O disco recebeu o certificado de disco de ouro pela Recording Industry Association of America (RIAA), em 2012, pelas vendas superiores a 530 mil cópias. Em 2009, Demi ganhou sua própria série, *Sonny with a Chance*. O segundo álbum, *Here We Go Again*, foi lançado em julho daquele ano, e entrou direto na parada Billboard em primeiro lugar.

Foto: Debby Wong - Shutterstock.com

Don´t Forget, que teve a produção de John Fields e Jonas Brothers, ganhou uma edição de luxo, lançada em 2009. Onze músicas compõem o álbum original, das quais nove têm a assinatura de Demi, oito delas em parceria. A edição de luxo ganhou duas faixas extras, 'Behind Enemy Lines' e 'Lo Que Soy', versão hispânica de 'This Is Me'.

AS FAIXAS DA EDIÇÃO PADRÃO DE
DON'T FORGET

1. 'La La Land' (Lovato, Jonas Brothers)
2. 'Get Back' (Lovato, Jonas Brothers)
3. 'Trainwreck' (Lovato)
4. 'Party' (Lovato, Fields, Schwartzman)
5. 'On the Line' (Lovato, Jonas Brothers)
6. 'Don't Forget' (Lovato, Jonas Brothers)
7. 'Gonna Get Caught' (Lovato, Jonas Brothers)
8. 'Two Worlds Collide' (Lovato, Jonas Brothers)
9. 'The Middle' (Fields, Reeves, DioGuardi)
10. 'Until You're Mine' (Adam Watts, Dodd)
11. 'Believe in Me' (Lovato, Fields, DioGuardi)

O álbum tem duração total de 38:56 minutos; a edição japonesa ganhou um bônus: um remix de 7 minutos de 'La La Land', como 12ª faixa; a 5ª faixa, 'On the Line', conta com a participação dos Jonas Brothers.

NA MESMA SEMANA DE LANÇAMENTO DE *DON'T FORGET* NOS EUA, SAÍRAM OS ÁLBUNS DO METALLICA (*DEATH MAGNETIC*), DAS PUSSICAT DOLLS (*DOLL DOMINATION*) E DO KINGS OF LEON (*ONLY BY THE NIGHT*); *DON'T FORGET* VENDEU 89 MIL CÓPIAS NOS ESTADOS UNIDOS, FICANDO ATRÁS SOMENTE DO ÁLBUM DO METALLICA – NADA MAL PARA UM CD DE ESTREIA!

'GET BACK', O PRIMEIRO SINGLE!

O primeiro single tirado do álbum *Don't Forget* foi 'Get Back', lançado em 12 de agosto de 2008. Ele alcançou a 6ª posição no Top 100 Songs do iTunes e a 43ª na Billboard. Foi escrita por Demi e os Jonas Brothers, e conta com Nick Jonas no vocal de apoio. A edição da Rádio Disney substituiu a linha "kiss me/like you mean it/like you miss me" por "hold me/like you mean it/like you miss me". A edição foi usada no videoclipe da canção.

O SEGUNDO SINGLE, 'LA LA LAND'

O segundo single nos EUA e primeiro no Reino Unido foi 'La La Land', lançado em 19 de dezembro de 2008. 'La La Land' saiu para promover o novo programa de Demi, *Sonny with a Chance*, e o videoclipe mostra todo o elenco principal da série. 'La La Land' ocupou a posição #52 na Billboard.

Foto: s_bukley - Shutterstock.com

'DON'T FORGET' EM SINGLE

A terceira canção escolhida como single foi 'Don't Forget', que alcançou a posição #41 nos EUA. Este foi o 3º single mais bem-sucedido da carreira de Demi Lovato, perdendo para 'Here We Go Again' (#15) e 'Skyscraper' (#10).

TESTE

MAIS UM TESTE SOBRE O UNIVERSO DE DEMI LOVATO. ESTÁ PRONTA PARA FAZER?

1. Qual é a gravadora de Demi Lovato?

a – Los Angeles Records
b – A & M Records
c – RCA
d – Hollywood Records
e – Disney Records

2. Qual o nome e quantas faixas há no álbum padrão de estreia de Demi Lovato?

a – Dreamin', 12 faixas
b – La La Land, 11 faixas
c – Sing a Song Happy!, 10 faixas
d – Demi With Love, 13 faixas
e – Don't Forget, 11 faixas

3. Qual grupo musical participa do primeiro álbum de Demi Lovato?

a – One Direction
b – Jonas Brothers
c – Westlife
d – Union J
e – 5 Seconds Of Summer

4 . Qual banda superfamosa de rock pesado lançou álbum na mesma semana do álbum de estreia de Demi Lovato?

a – Guns N' Roses
b – Iron Maiden
c – Metallica
d – Led Zeppelin
e – Rolling Stones

5 . Qual o nome do cantor que participa dos vocais de apoio em 'Get Back'?

a – Rod Stewart
b – Joe Jackson
c – Nick Jonas
d – Kevin Lucas
e – Nenhum dos anteriores

6 . Quantos singles foram extraídos do primeiro álbum de Demi Lovato e qual o nome do mais bem-sucedido?

a – 2 singles, 'La La Land"
b – 3 singles, 'Get Back'
c – 2 singles, 'Party'
d – 4 singles, 'Get Back'
e – 3 singles, 'Don't Forget'

★ SE VOCÊ ACERTOU DE 0 A 2 RESPOSTAS: ★

ESTÁ NA HORA DE RECUPERAR SEUS CONHECIMENTOS

★ SE VOCÊ ACERTOU DE 3 A 5 RESPOSTAS: ★

QUASE PERFEITO! PARABÉNS!

★ SE VOCÊ ACERTOU TODAS AS RESPOSTAS: ★

TEM GENTE TE INVEJANDO!

RESPOSTAS: 1 - D, 2 - E, 3 - B, 4 - C, 5 - C, 6 - E

MUITOS PRÊMIOS

DEMI LOVATO RECEBEU UMA SÉRIE DE PREMIAÇÕES, INCLUINDO UM MTV VIDEO MUSIC AWARDS, 32 INDICAÇÕES PARA TEEN CHOICE AWARDS (DAS QUAIS VENCEU 12 PRÊMIOS), CINCO PEOPLE'S CHOICE AWARDS, DOIS ALMA AWARDS E UM BILLBOARD TOURING AWARDS.

Foto: s_bukley - Shutterstock.com

>SEGUNDO ÁLBUM<

Here We Go Again é o segundo álbum de estúdio de Demi Lovato, lançado em julho de 2009. As sessões de composição para o disco foram realizadas em janeiro de 2009 em apenas duas semanas, com colaborações de compositores como John Mayer, Jon McLaughlin, John Fields, Toby Gad e Nick Jonas.

NOS EUA, *HERE WE GO AGAIN* ESTREOU NO 1º LUGAR DA LISTA OFICIAL DOS DISCOS MAIS VENDIDOS DA PARADA BILLBOARD, vendendo 108 mil cópias na primeira semana de comercialização. Ganhou o Disco de Ouro no Brasil da Associação Brasileira dos Produtores de Discos (ABPD), pelas vendas acima de 30 mil cópias.

AS FAIXAS DA EDIÇÃO PADRÃO DE

HERE WE GO AGAIN

1. 'Here We Go Again' (Hasson, Robbins, Filian)
2. 'Solo' (Lovato, Cutler)
3. 'U Got Nothin' on Me' (Lovato, Hasson, Filian)
4. 'Falling Over Me' (Lovato, Fields, McLaughlin)
5. 'Quiet' (Lovato, Cutler, Preven)
6. 'Catch Me' (Lovato)
7. 'Every Time You Lie' (Lovato, Fields, McLaughlin)
8. 'Got Dynamite' (Clark, Bogart, Victoria)
9. 'Stop the World' (Lovato, Patrick, Bianco)
10. 'World of Chances' (Lovato, Mayer)
11. 'Remember December' (Lovato, Fields, Preven)
12. 'Everything You're Not' (Lovato, Robbins, Toby Gad)

> FAIXAS BÔNUS DE <

★HERE WE GO AGAIN★

O SEGUNDO ÁLBUM DE DEMI LOVATO GANHOU DUAS FAIXAS BÔNUS: 'GIFT OF A FRIEND' (do filme *Tinker Bell and the Lost Treasure*) e 'SO FAR SO GREAT' (tema da série *Sonny with a Chance*); na Europa, a edição ganhou mais duas faixas extras: 'Don't Forget' e 'La La Land'; no Japão, o CD foi editado com uma 15ª faixa, uma versão remix de 'Here We Go Again'.

★★★★★★★★★★★

OS SINGLES DO SEGUNDO ÁLBUM

A primeira canção de *Here We Go Again* a sair em single foi a faixa-título, uma das três únicas músicas do álbum, contando com as composições bônus, que não foi escrita ou co-escrita por Demi Lovato; foi disponibilizada para download digital em 23 de junho de 2009 e alcançou a 15ª posição na tabela musical Billboard e a 6ª na Digital Songs. Seu videoclipe contou com participação de fãs de Demi.

'GIFT OF A FRIEND', FAIXA EXTRA DO DISCO, FOI DISTRIBUÍDA COMO SINGLE PROMOCIONAL DO FILME *TINKER BELL AND THE LOST TREASURE*, POR FAZER PARTE DE SUA TRILHA SONORA.

O segundo single oficial foi 'Remember December', disponibilizado comercialmente em 18 de janeiro de 2010, na Europa apenas. A canção foi composta pela cantora Anne Preven e por John Fields, que a produziu.

TESTE

1. Demi Lovato recebeu mais de trinta indicações para o Teen Choice Awards. Quantos prêmios ela venceu?

a – 5
b – 16
c – 30
d – 10
e – 12

2. Qual o nome do segundo álbum de Demi Lovato?

a – On a Clear Day
b – Let's Go Again
c – Here We Go Again
d – Demi Goes Again
e – Nevermind

3. A edição padrão do segundo álbum tem quantas faixas? E quantas faixas bônus?

a – 10 faixas e 1 bônus
b – 11 faixas e 2 bônus
c – 12 faixas e 3 bônus
d – 12 faixas e 2 bônus
e – 13 faixas e 1 bônus

4. Na edição japonesa do segundo álbum há um remix inédito de uma música deste mesmo álbum. Que música é essa?

[a] – 'Remember December'
[b] – 'Catch Me'
[c] – 'La La Land'
[d] – 'Got Dynamite"
[e] – 'Here We Go Again'

5. Quantos singles foram tirados do segundo álbum?

[a] – 2
[b] – Nenhum
[c] – 1
[d] – 3, sendo um deles promocional
[e] – 2, sendo um deles promocional

6. Quantas cópias foram vendidas do segundo álbum de Demi Lovato, na primeira semana de comercialização, nos EUA?

[a] – 30 mil
[b] – 50 mil
[c] – 80 mil
[d] – 88 mil
[e] – 108 mil

★ SE VOCÊ ACERTOU DE 0 A 2 RESPOSTAS: ★

ESTÁ FRACA AINDA... TENTE REFAZER O TESTE

★ SE VOCÊ ACERTOU DE 3 A 5 RESPOSTAS: ★

MELHORANDO! PARABÉNS!

★ SE VOCÊ ACERTOU TODAS AS RESPOSTAS: ★

VOCÊ É A FAMOSA 'SABE-TUDO'!

RESPOSTAS: 1 - E, 2 - C, 3 - D, 4 - E, 5 - D, 6 - E

★ SABE MESMO?? ★

DEMI LOVATO NO BRASIL

SENDO FÃ, VOCÊ SABE O BÁSICO SOBRE AS VINDAS DA CANTORA AO BRASIL. SABE MESMO??

1. Em que ano Demi Lovato visitou o Brasil pela primeira vez?

Foto: Everett Collection- Shutterstock.com

a – 2012
b – 2011
c – 2008
d – 2014
e – 2009

2. Em que mês (ou meses) de 2014 Demi Lovato fez shows no Brasil?

a – Janeiro
b – Setembro e outubro
c – Maio
d – Abril e maio
e – Julho

RESPOSTAS:

1-E, 2-D.

Foto: s_bukley / Shutterstock.com

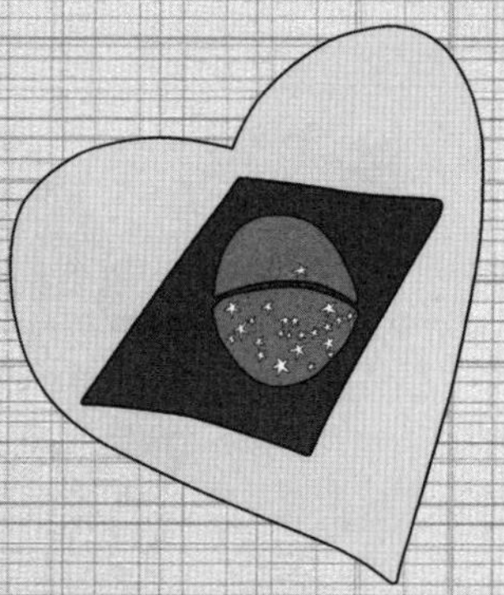

Demi Lovato no Brasil

No mês de abril de 2014 Demi Lovato dava início à sua nova temporada no Brasil. A ansiedade dos fãs era enorme, incontrolável! Os ingressos postos à venda seis meses antes (em 20 de novembro de 2013) se esgotaram em questão de duas semanas.

A primeira apresentação da cantora se deu no dia 22, no *Citybank Hall*, em São Paulo – milhares de fãs gritavam eufóricas ao assistir ao vivo o encanto de Demi, estrela de séries e filmes da Disney como *Camp Rock* e *Programa de proteção para princesas*, e também como jurada do reality show *The X Factor*.

Foto: Jaguar PS - Shutterstock.com

Muitas das fãs que estavam presentes na estreia já haviam assistido a algum show da cantora, então com 21 anos, pois aquela era a quarta vez que ela visitava o país. As passagens anteriores se deram nos anos de 2009, 2010 e 2012.

A VISITA EM 2014 FEZ PARTE DA THE NEON LIGHTS TOUR, QUE TEVE INÍCIO EM 9 DE FEVEREIRO DE 2014. PASSOU POR 28 CIDADES DO CANADÁ E DOS EUA, ANTES DE CHEGAR EM SÃO PAULO, DANDO INÍCIO À PARTE SUL-AMERICANA DA TURNÊ.

A The Neon Lights Tour foi planejada para promover o quarto álbum da cantora, chamado simplesmente *Demi*, editado em maio de 2013. A excursão, depois de São Paulo, seguiu para Rio de Janeiro, Brasília, Belo Horizonte e encerrou a parte brasileira em Porto Alegre, em 3 de maio.

Saindo do Brasil, a The Neon Lights Tour seguiu para Buenos Aires (Argentina), Santiago (Chile) e Guayaquil (Equador), fechando a parte sul-americana da turnê. Daí, Demi fez dois shows no México (Cidade do México e Monterrey) e encerrou a The Neon Lights Tour em Londres, Inglaterra, no dia 1º de junho de 2014.

Foto: Everett Collection- Shutterstock.com

Foto: Everett Collection - Shutterstock.com

As fãs que assistiram em São Paulo e nas demais capitais brasileiras viram que Demi Lovato amadureceu. O timbre vocal está mais robusto, e ela se movimenta no palco com muito mais desenvoltura do que foi visto nas turnês anteriores.

O som de Demi também mudou, está mais pesado, mais rock'n'roll, claro que sem abandonar a pegada pop romântica que é uma das marcas registradas da cantora e o lado "dançável" de músicas consagradas de seu repertório. E em nenhum momento se viu o abuso da sensualidade, como acontece comumente nos shows de cantoras da música pop.

O SET LIST DA

★ THE NEON LIGHTS TOUR ★

O repertório apresentado nas excursões nunca é estanque. Há pequenas variações apresentadas aqui e ali. Mas há, naturalmente, um plano predeterminado para apresentar determinadas músicas numa determinada ordem — é o chamado *set list*.

SET LIST THE NEON LIGHTS TOUR:

PRIMEIRA PARTE: Heart Attack/ Remember December/ Fire Starter/ The Middle/ Really Don't Care/ Catch Me/ Here We Go Again/ Made In The USA

SEGUNDA PARTE: Nightingale/ Two Pieces/ Warrior/ Let it Go/ Don't Forget/ Medley - Get Back, This is Me, La La Land, Here We Go Again/ Got Dynamite/ Unbroken/ Neon Lights (no BIS) Skyscraper/ Give Your Heart a Break

TESTE

1 . Em que mês e ano começou a venda de ingressos para a estreia da The Neon Lights Tour no Brasil?

[a] – Abril de 2014
[b] – janeiro de 2014
[c] – Abril de 2013
[d] – Fevereiro de 2014
[e] – Novembro de 2013

2 . Quais foram os dois últimos países visitados por Demi Lovato com a excursão The Neon Lights Tour?

[a] – Brasil e Argentina
[b] – Chile e México
[c] – México e Inglaterra
[d] – EUA e Canadá
[e] – Chile e Equador

3 . Qual álbum de Demi Lovato estava sendo promovido com a excursão de 2014?

[a] – Demi Lovato
[b] – I'm Ready
[c] – Here We Go Again
[d] – Demi
[e] – Don't Forget

4 . Qual foi a segunda cidade brasileira a receber Demi Lovato na The Neon Lights Tour?

[a] – Porto Alegre
[b] – Curitiba
[c] – Rio de Janeiro
[d] – Belo Horizonte
[e] – Brasília

5 . Que idade tinha Demi Lovato quando se apresentou pela quarta vez no Brasil?

[a] – 19
[b] – 21
[c] – 22
[d] – 20
[e] – 18

6 . Qual o nome da música que abria o show na The Neon Lights Tour?

[a] – 'Nightingale'
[b] – 'Two Pieces'
[c] – 'Heart Attack'
[d] – 'Remember December'
[e] – 'Warrior'

★ SE VOCÊ ACERTOU DE 0 A 2 RESPOSTAS: ★

O TESTE É DIFÍCIL OU VOCÊ ESTÁ DISTRAÍDA?

★ SE VOCÊ ACERTOU DE 3 A 5 RESPOSTAS: ★

BOM RESULTADO! PARABÉNS!

★ SE VOCÊ ACERTOU TODAS AS RESPOSTAS: ★

UAU! ASSIM É UMA VERDADEIRA FÃ!

RESPOSTAS: 1 - E, 2 - C, 3 - D, 4 - C, 5 - B, 6 - C

Foto: s_bukley- Shutterstock.com

A The Neon Lights Tour começou a ser anunciada oficialmente em 27 de setembro de 2013, uma sexta-feira. No domingo seguinte foram publicadas as datas da nova turnê, intitulada com o nome do terceiro single do álbum Demi, 'Neon Lights'. E revelava que Fifth Harmony, Little Mix e Cher Lloyd fariam os shows de abertura.

OS TRÊS SHOWS FEITOS EM SÃO PAULO (NOS DIAS 22, 24 E 25 DE ABRIL), SOMADOS, TIVERAM MAIS DE VINTE MIL INGRESSOS VENDIDOS.

Foto: Music4mix - Shutterstock.com

Foto: Music4mix - Shutterstock.com

INFLUÊNCIAS E PREFERÊNCIAS

ENTRE SUAS INFLUÊNCIAS MUSICAIS PRINCIPAIS, DEMI LOVATO LISTOU KELLY CLARKSON , CHRISTINA AGUILERA, ARETHA FRANKLIN, GLADYS KNIGHT, BILLY GILMAN E BILLIE HOLIDAY.

BILLIE HOLIDAY É UM ÍCONE DO JAZZ, ARETHA FRANKLIN E GLADYS KNIGHT SÃO DUAS CANTORAS DE RHYTHM & BLUES DAS MAIS COMPLETAS E SEMPRE SÃO REFERENCIAIS. AGUILERA É A MELHOR CANTORA DE SUA GERAÇÃO, SEM NENHUMA DÚVIDA..., A SURPRESA É VER KELLY CLARKSON E, PRINCIPALMENTE, BILLY GILMAN COLOCADOS ENTRE OS CANTORES MAIS INFLUENTES DE DEMI LOVATO.

E DEMI EXPLICA: "BILLY GILMAN E EU TÍNHAMOS O MESMO TIMBRE VOCAL QUANDO EU ERA MAIS JOVEM. O QUE EU MAIS FAZIA ERA PRATICAR CANTANDO AS CANÇÕES QUE ELE HAVIA GRAVADO."

DEMI LOVATO OUVIA ROCK (METAL) NA SUA ADOLESCÊNCIA E UMA VEZ DISSE QUE O TRABALHO DE COMPOSIÇÃO DE JOHN MAYER TEM SIDO "UMA GRANDE INFLUÊNCIA" NO TRABALHO DELA COMO COMPOSITORA. DEPOIS DA EDIÇÃO DE *UNBROKEN*, ELA DISSE QUE SUA ORIENTAÇÃO MUSICAL MUDOU, INDO NA DIREÇÃO DO HIP HOP E DO RHYTHM & BLUES.

SOBRE KELLY CLARKSON: "ACHO ELA UM GRANDE EXEMPLO. NUNCA A VIRAM BEBENDO PUBLICAMENTE NEM VESTINDO ROUPAS ESCANDALOSAS OU QUALQUER COISA ASSIM, ALÉM DE SER EXTREMAMENTE TALENTOSA."

Foto: s_bukley - Shutterstock.com

PROBLEMAS PESSOAIS

Demi Lovato passou por uma forte depressão, com sintomas de distúrbios alimentares e autoagressão, antes de ir para reabilitação em novembro de 2010.

POUCO ANTES, EM 30 DE OUTUBRO DE 2010, A CANTORA SE RETIROU DA JONAS BROTHERS LIVE IN CONCERT TOUR E SEGUIU PARA UMA CLÍNICA DE TRATAMENTO PARA CUIDAR DE SEUS PROBLEMAS FÍSICOS E EMOCIONAIS.

Foi relatado que Demi decidiu entrar em tratamento após tentar agredir a dançarina Alex Welch — na oportunidade, ela assumiu ter sido 100% responsável pelo incidente.

Em 28 de janeiro de 2011, Demi terminou o tratamento em regime de internação, em Timberline Knolls, e voltou para casa, reconhecendo que tinha bulimia, prejudicando a si mesma com automedicação, além do abuso de drogas e álcool.

ELA ACRESCENTOU QUE, BASICAMENTE, TEVE UM COLAPSO NERVOSO, E FOI DIAGNOSTICADA COM TRANSTORNO BIPOLAR DURANTE SEU TRATAMENTO.

Em abril daquele ano, ela tornou-se uma colaboradora da revista *Seventeen*, descrevendo como teve de lutar contra seus problemas.

Foto: s_bukley - Shutterstock.com

Foto: Everett Collection - Shutterstock.com

Em março de 2012, a MTV exibiu um documentário sobre a reabilitação de Demi Lovato, época em que ela começava a trabalhar para editar o quarto álbum de sua carreira.

Em janeiro de 2013, foi relatado que Demi estava vivendo por um ano em uma instituição em Los Angeles, que cuida para que os pacientes se mantenham sóbrios, porque ela sentiu que era a melhor maneira de evitar o retorno aos vícios e distúrbios alimentares.

Foto: Helga Esteb - Shutterstock.com

Foto: s_bukley - Shutterstock.com

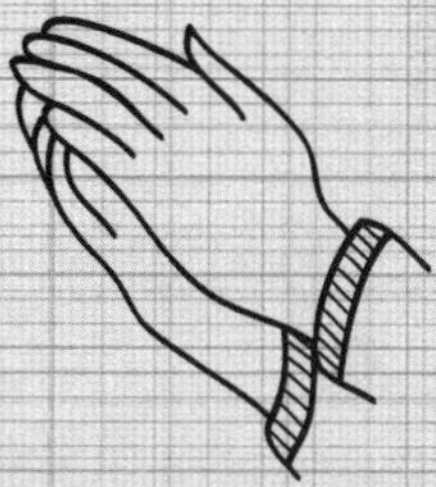

★ CRENÇAS E ATITUDES ★

Demi Lovato é cristã praticante, e costuma rezar com os membros de sua banda antes de cada apresentação; também é uma ativista pelos direitos civis dos homossexuais e costuma dar declarações públicas de apoio pela igualdade de direitos em entrevistas, pelo Twitter, por meio de releases etc.

Além do show-biz, Demi está envolvida em várias causas sociais e ambientais. Em maio de 2013, ela foi publicamente citada pela sua dedicação à jovens portadores de distúrbios mentais, no Dia da Consciência Nacional de Saúde Mental da Criança, em Washington.

Foto: Jaguar PS - Shutterstock.com

Uma declaração de Demi feita em 2013, em entrevista: "Eu creio no casamento gay, pois creio na igualdade. Acho que há muita hipocrisia com a religião. Você pode ter o seu próprio relacionamento com Deus, e eu tenho muita fé."

EM OUTRA ENTREVISTA, EM NOVEMBRO DE 2013, ELA DISSE: "AGORA ESTOU O MAIS PRÓXIMO QUE EU JÁ ESTIVE COM DEUS. TENHO A MINHA PRÓPRIA RELAÇÃO COM ELE, E ISSO É TUDO O QUE IMPORTA". E AFIRMOU QUE A ESPIRITUALIDADE É PARTE IMPORTANTE PARA MANTER O EQUILÍBRIO NA VIDA.

Em 23 de dezembro de 2011, Demi postou uma mensagem no Twitter criticando sua antiga rede de TV por causa de episódios de *Shake It Up* e *So Random!* em que os personagens brincam sobre os transtornos alimentares. A Disney Channel, por meio de seu departamento de publicidade, rapidamente entrou em ação, pedindo desculpas e removendo os episódios após milhares de mensagens que surgiram contra a emissora, em apoio às criticas feitas por Demi.

Foto: s_bukley - Shutterstock.com

Foto: s_bukley / Shutterstock.com

CAMP ROCK

O RETORNO

Depois de fazer o filme para TV *Camp Rock*, entre 2007 e 2008, a Disney apostou numa continuação e produziu *Camp Rock 2: The Final Jam*. Demi reprisou seu papel no filme como a aspirante à cantora Mitchie Torres; o filme foi ao ar pela primeira vez em setembro de 2010.

Foto: Jaguar PS - Shutterstock.com

A estreia de *Camp Rock 2: The Final Jam* contou com oito milhões de espectadores. Foi o filme que mais teve audiência na TV a cabo naquele ano (2010).

A TRILHA SONORA DO FILME, EDITADA EM AGOSTO DE 2010, CONTOU COM DEMI LOVATO CANTANDO NOVE CANÇÕES, INCLUINDO 'CAN'T BACK DOWN' E 'WOULDN'T CHANGE A THING'.

Devido ao sucesso comercial do filme e da trilha (que entrou na parada Billboard na 3ª posição e vendeu 41 mil cópias na primeira semana), a The Jonas Brothers' 2012 World Tour foi reprogramada para incorporar Demi e todo o elenco do filme.

O SUCESSO DA TRILHA DE *CAMP ROCK 2: THE FINAL JAM* MOTIVOU A DISNEY A EDITAR A TRILHA SONORA DE *SONNY WITH A CHANCE* QUE SAIU EM OUTUBRO DE 2010. NESSA TRILHA, DEMI CANTA QUATRO MÚSICAS, INCLUINDO 'ME, MYSELF AND TIME'.

Foto: Jaguar PS - Shutterstock.com

TESTE

1 . Em que época Demi Lovato foi diagnosticada como portadora de distúrbio bipolar?

[a] – Entre o final de 2010 e início de 2011
[b] – Em meados de 2008
[c] – No começo de 2012
[d] – Em 2014
[e] – Demi não é bipolar

2 . Para qual revista Demi escreveu sobre os tratamentos médicos a que se submeteu?

[a] – Teen Magazine
[b] – People
[c] – Seventeen
[d] – Look
[e] – Health Magazine

3 . Qual turnê ela teve de interromper para se internar em 2010?

[a] – The Neon Lights Tour
[b] – Demi Live in Concert Tour
[c] – Here We Go On Tour
[d] – Demi Lovato & Jonas Bros On Tour
[e] – Jonas Brothers Live in Concert Tour

4. Quais dessas cantoras foram citadas por Demi como suas influências?

[a] – Shakira e Britney
[b] – Kesha e Beyoncé
[c] – Christina Aguilera e Kelly Clarkson
[d] – Kylie Minogue e Cher Lloyd
[e] – Nicki Minaj e Jennifer Lopez

5. Em que mês e ano *Camp Rock 2: The Final Jam* foi exibido pela primeira vez?

[a] – Em janeiro/ 2013
[b] – Em outubro/ 2010
[c] – Em agosto/ 2012
[d] – Em setembro/ 2010
[e] – Em dezembro/ 2012

6. Quantas cópias da trilha sonora de *Camp Rock 2: The Final Jam* foram vendidas na primeira semana de lançamento?

[a] – 21 mil
[b] – 33 mil
[c] – 28 mil
[d] – 52 mil
[e] – 41 mil

SE VOCÊ ACERTOU DE 0 A 2 RESPOSTAS:

UHM, QUE TAL UM POUQUINHO MAIS DE CONCENTRAÇÃO?

SE VOCÊ ACERTOU DE 3 A 5 RESPOSTAS:

BOM RESULTADO! PARABÉNS!

SE VOCÊ ACERTOU TODAS AS RESPOSTAS:

VOCÊ JÁ PODE DAR PALESTRA SOBRE A DEMI!

RESPOSTAS:

1 - A, 2 - C, 3 - E, 4 - C, 5 - D, 6 - E

Foto: Featureflash - Shutterstock.com

Foto: s_bukley - Shutterstock.com

O TERCEIRO ÁLBUM DE ESTÚDIO

UNBROKEN FOI O TERCEIRO ÁLBUM DE ESTÚDIO DE DEMI LOVATO – CURIOSAMENTE, ELE SAIU UM DIA ANTES NA NOVA ZELÂNDIA, EM 19 DE SETEMBRO DE 2011, NO DIA SEGUINTE FOI LANÇADO NOS EUA PELA HOLLYWOOD RECORDS, COMO SEUS DISCOS ANTERIORES.

O ÁLBUM CONTA COM PRODUTORES COMO TIMBALAND, ROCK MAFIA, TOBY GAD, RYAN TEDDER E DREAMLAB, TRAZENDO UMA MUDANÇA EM RELAÇÃO AOS TRABALHOS ANTERIORES DA CANTORA, COM A BASE DO POP ROCK SUBSTITUÍDA POR POP E RHYTHM & BLUES. O ÁLBUM INTEIRO LEVOU MAIS DE UM ANO PARA SER FINALIZADO (COMEÇOU A SER GRAVADO EM JULHO DE 2010).

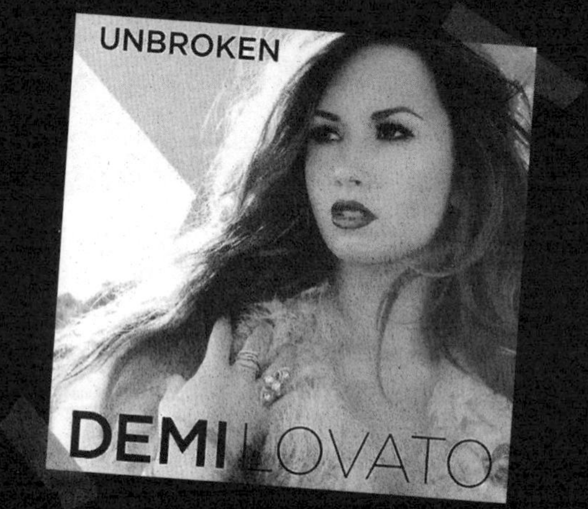

O ÁLBUM ESTREOU
NA 4º POSIÇÃO
DA BILLBOARD,
VENDENDO 96 MIL
CÓPIAS EM SUA
PRIMEIRA SEMANA
DE DISTRIBUIÇÃO
NOS EUA. TAMBÉM
ALCANÇOU O TOP 5
NA NOVA ZELÂNDIA E
NO CANADÁ.

Foto: Helga Esteb - Shutterstock.com

RAPPERS

Em março de 2011 surgiu a possibilidade de Demi trabalhar com o rapper e produtor Timbaland. Em julho, Demi viajou para Miami, onde eles trabalharam juntos em três canções.

Na faixa 'All Night Long', a que abre o disco, co-produzida por Timbaland, houve a participação da rapper Missy Elliott, que por acaso estava no estúdio e perguntou se podia fazer rap em 'All Night Long', proposta que logo foi aceita.

>AS FAIXAS DA EDIÇÃO PADRÃO DE<

UNBROKEN

1. 'All Night Long' (Mosley, Harmon, Elliott, Nire, Mosley, Lovato, Angel)
2. 'Who's That Boy' (Tedder, Zancanella, Tailes)
3. 'You're My Only Shorty' (Armato, James)
4. 'Together' (Mosley, Beanz, Anderson, Timbaland)
5. 'Lightweight' (Mosley, Beanz, Anderson, Timbaland)
6. 'Unbroken' (James, Haywood, Lovato)
7. 'Fix a Heart' (Kiriakou, Renea)
8. 'Hold Up' (James, Haywood, Lovato, Golan)
9. 'Mistake' (James, Haywood, Peiken)
10. 'Give Your Heart a Break' (Alexander, Steinberg)
11. 'Skyscraper' (Gad, Robbins, Kõiv)
12. 'In Real Life' (Bleu, Ray)
13. 'My Love Is Like a Star' (Gad, Morrison)
14. 'For the Love of a Daughter ' (Beckett, Lovato)
15. 'Skyscraper' (Wizz Dumb Remix) (Gad, Robbins, Koiv)

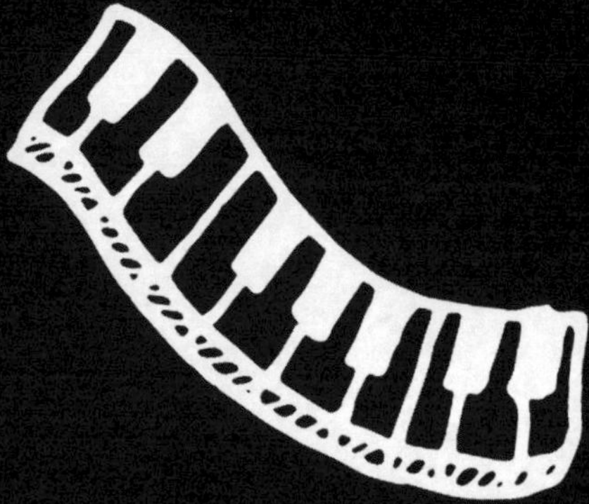

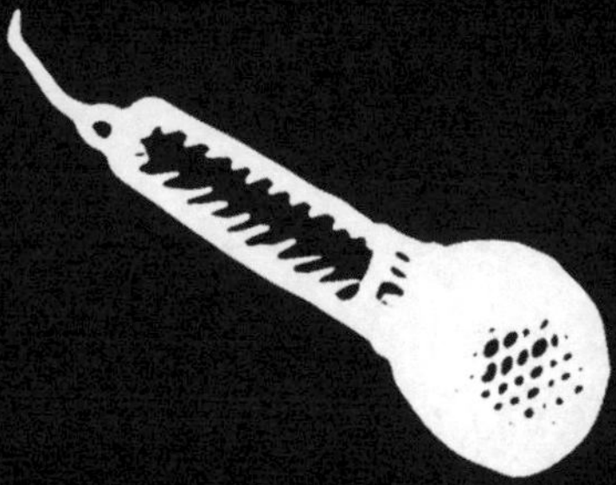

A VERSÃO INTERNACIONAL DE *UNBROKEN* TEM UMA FAIXA A MAIS, 'RASCACIELO', QUE VEM A SER A VERSÃO DE 'SKYSCRAPER' EM ESPANHOL.

A VERSÃO JAPONESA REGULAR TRAZ DUAS FAIXAS A MAIS (ALÉM DE 'RASCACIELO'). SÃO ELAS: 'AFTERSHOCK' (PEARSON, HAYWOOD, JAMES) E 'YES I AM' (TORIMIRO, RENEA)

O ÁLBUM ESTREOU NA 4ª POSIÇÃO NA PARADA BILLBOARD, COM VENDAS DE 97 MIL CÓPIAS NA PRIMEIRA SEMANA DE LANÇAMENTO. *UNBROKEN* TAMBÉM CHEGOU AO 1º LUGAR NA PARADA DOS ÁLBUNS DIGITAIS.

EM 2014, *UNBROKEN* HAVIA VENDIDO PERTO DE 500 MIL CÓPIAS NOS EUA E 1,5 MILHÃO NO MUNDO TODO.

NO BRASIL, *UNBROKEN* GANHOU DISCO DE PLATINA PELAS 40 MIL CÓPIAS VENDIDAS.

A CRÍTICA SE DIVIDIU NA RECEPÇÃO DE *UNBROKEN*. ALGUNS CRÍTICOS ELOGIARAM A PERFORMANCE DA CANTORA NO ÁLBUM E A DECISÃO DE ELA EXPERIMENTAR NOVOS SONS, NOVOS RUMOS E ESTILOS MUSICAIS; OUTROS ESTRANHARAM E DESAPROVARAM.

ENFIM, A PRÓPRIA DEMI LOVATO, EM MAIO DE 2013, DEU UMA DECLARAÇÃO À REVISTA BILLBOARD EXPRESSANDO SENTIMENTOS CONTROVERSOS EM RELAÇÃO À *UNBROKEN*: "EU QUIS FAZER ALGO MAIS RHYTHM & BLUES..., MAS QUANDO TENTEI FAZER NÃO ERA REALMENTE EU QUEM ESTAVA ALI."

TESTE

1 . Quanto tempo o álbum *Unbroken* levou para ser finalizado?

a – 6 meses
b – 5 semanas
c – 3 meses
d – Pouco mais de um ano
e – 9 meses

2 . Em qual país *Unbroken* foi lançado primeiro?

a – EUA
b – Austrália
c – Brasil
d – Canadá
e – Nova Zelândia

3 . Quantas cópias de Unbroken foram vendidas nos EUA, na sua primeira semana de comercialização?

a – 46 mil
b – 33 mil
c – 97 mil
d – 66 mil
e – 100 mil

4. Qual rapper famoso ajudou a produzir o álbum de Demi Lovato?

a – Timbaland
b – Jay-Z
c – Dr. Dre
d – Usher
e – Lil Wayne

5. Qual música ganhou versão em espanhol e foi acrescentada na edição internacional de *Unbroken*?

a – 'Together'
b – 'Lightweight'
c – 'Skyscraper'
d – 'Mistake'
e – 'Unbroken'

6. Qual faixa de *Unbroken* conta com a participação da rapper Missy Elliot?

a – 'Skyscraper'
b – 'Who's That Boy'
c – 'Hold Up'
d – 'Fix a Heart'
e – 'All Night Long'

★ SE VOCÊ ACERTOU DE 0 A 2 RESPOSTAS: ★

VAMOS LÁ (!). PRECISA MELHORAR ESSA MARCA! QUE TAL UM POUQUINHO MAIS DE CONCENTRAÇÃO?

★ SE VOCÊ ACERTOU DE 3 A 5 RESPOSTAS: ★

BOM RESULTADO! PARABÉNS!

★ SE VOCÊ ACERTOU TODAS AS RESPOSTAS: ★

VOCÊ SABE TUDO (E + UM POUCO) SOBRE DEMI!

RESPOSTAS: 1 - D, 2 - E, 3 - C, 4 - A, 5 - C, 6 - E

Foto: Joe Seer - Shutterstock.com

> OS COMPACTOS DE <

UNBROKEN

'SKYSCRAPER'

'Skyscraper' foi o single escolhido para "puxar" a venda do álbum — foi lançado em julho de 2011. A canção, de forte apelo comercial, foi escrita por Toby Gad, Lindy Robbins e uma cantora da Estônia chamada Kerli Kõiv. Toby Gad foi quem produziu 'Skyscraper' para Demi Lovato.

OFICIALMENTE, O SINGLE FOI CERTIFICADO COMO DISCO DE PLATINA NOS EUA EM ABRIL DE 2012.

'Skyscraper' foi aclamado por conter mensagens de confiança e autoestima. Chegou ao 10º lugar na parada Billboard, vendendo 176 mil downloads durante a primeira semana de comercialização.

O SINGLE RECEBEU O PRÊMIO DE MELHOR VÍDEO COM MENSAGEM OFERECIDO PELA MTV (MTV VIDEO MUSIC AWARDS) EM SETEMBRO DE 2012.

'GIVE YOUR HEART A BREAK'

O segundo e último single tirado de *Unbroken* foi 'Give Your Heart a Break', editado em 23 de janeiro de 2012, ele chegou à 16ª posição na Billboard. Na parada US Pop Songs, o single atingiu o 1º lugar, percorrendo uma longuíssima ascensão; a notar, a mais longa de toda a história da parada.

Originalmente, 'Who's That Boy' havia sido anunciada para sair como segundo single. Entretanto, Demi mudou de ideia e escolheu 'Give Your Heart a Break'.

Foto: Joe Seer - Shutterstock.com

A canção 'Give Your Heart a Break' foi escrita e produzida por Josh Alexander e Billy Steinberg. Demi Lovato apresentou a música no programa Véspera de ano-novo da MTV (em 31 de dezembro de 2011).

'GIVE YOUR HEART A BREAK' ENTROU NA 16º POSIÇÃO NA PARADA BILLBOARD.

Em abril de 2014, recebeu o certificado de platina triplo — até outubro de 2014, a música já tinha vendido 2,1 milhões de cópias digitais.

TESTE

1 . Qual o nome da música que virou o primeiro single de *Unbroken*?

a – 'Together'
b – 'Lightweight'
c – 'Skyscraper'
d – 'Mistake'
e – 'Unbroken'

2 . Quem produziu a música escolhida para ser o primeiro single de *Unbroken*?

a – Josh Alexander
b – Demi Lovato
c – Timbaland
d – Toby Gad
e – Jay-Z

3 . Quantos singles foram editados, das 15 faixas de *Unbroken*?

a – 4
b – 2
c – 3
d – 1
e – 5

4 . Entre os autores de 'Skyscraper' figura uma cantora chamada Kerli Kõiv. De qual país ela é?

[a] – Rússia
[b] – Iugoslávia
[c] – Croácia
[d] – Turquia
[e] – Estônia

5 . Qual música estava programada originalmente para ser o segundo compacto de *Unbroken*?

[a] – 'Give Your Heart a Break'
[b] – 'Who's That Boy'
[c] – 'Together'
[d] – 'Mistake'
[e] – 'Unbroken'

6 . Que classificação (certificado por vendas) recebeu o single 'Give Your Heart a Break'?

[a] – Disco de diamante
[b] – Disco de ouro triplo
[c] – Disco de platina
[d] – Disco de platina triplo
[e] – Disco de platina duplo

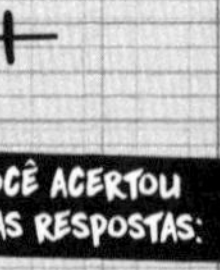

SE VOCÊ ACERTOU DE 0 A 2 RESPOSTAS:

UHM...
OUÇA AS VAIAS!

SE VOCÊ ACERTOU DE 3 A 5 RESPOSTAS:

BOM RESULTADO!
PARABÉNS!

SE VOCÊ ACERTOU TODAS AS RESPOSTAS:

QUE TAL COMEÇAR A ESCREVER UMA ENCICLOPÉDIA SOBRE DEMI?

RESPOSTAS: 1 - C, 2 - D, 3 - B, 4 - E, 5 - B, 6 - D

O NATAL DE DEMI

NA VÉSPERA DO NATAL DE 2012, DEMI LOVATO DIVULGOU UM VÍDEO NA SUA CONTA NO YOUTUBE EM QUE ELA CANTA 'ANGELS AMONG US', DEDICADA ÀS VÍTIMAS DO MASSACRE OCORRIDO NA SANDY HOOK ELEMENTARY SCHOOL.

FOTOS

Foto: s_buckley - shutterstock.com

Foto: s_buckley- Shutterstock.com

Foto: Debby Wong - Shutterstock.com

Foto: Helga Esteb - Shutterstock.com

Foto: Helga Esteb - Shutterstock.com

Foto: Everett Collection - Shutterstock.com

Foto: Jaguar PS - Shutterstock.com

Foto: Helga Esteb - Shutterstock.com

Foto: Helga Esteb - Shutterstock.com

Foto:s_buckley - Shutterstock.com

Foto: JStone - Shutterstock.com

LA

Foto:s_bukley - Shutterstock.com

Foto:s_bukley - Shutterstock.com

Foto: Featureflash - Shutterstock.com

Foto: lev radin - Shutterstock.com

Foto: s_bukley - Shutterstock.com

Foto: s_bukley - Shutterstock.com

Foto: Joe Seer - Shutterstock.com

Foto: Helga Esteb - Shutterstock.com

DEMI
LOVATO

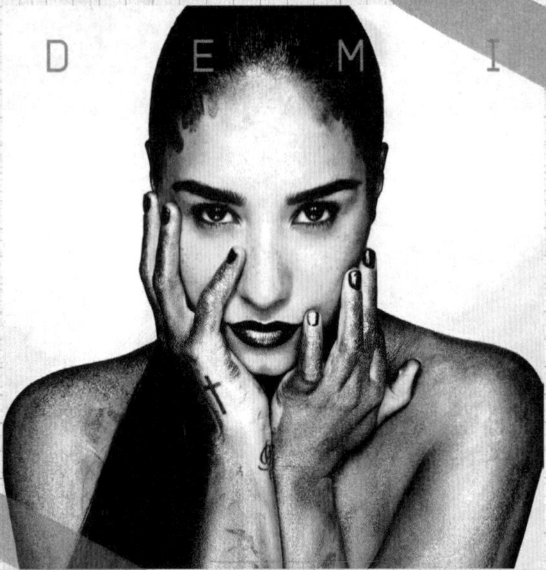

> 4º ÁLBUM DE ESTÚDIO <

DEMI

Demi foi lançado em maio de 2013, com o selo Hollywood Records. Depois do resultado artístico um tanto desapontador (para ela própria) de *Unbroken*, lançado dois anos antes, ela queria fazer um álbum com "canções que a empolgassem".

Foto: JStone - Shutterstock.com

Demi é um álbum que incorpora o pop habitual de seus discos anteriores com elementos de synthpop e bubblegum. O álbum foi gravado entre 2012 e 2013, quando Demi Lovato trabalhava como jurada na segunda temporada da versão americana de *The X Factor*.

O álbum entrou no posto de número 3 na parada US Billboard; na primeira semana de lançamento, *Demi* vendeu 110 mil cópias, tornando-se o seu álbum mais bem-sucedido no lançamento, até então.

Foto: s_bukley - Shutterstock.com

Nos mercados internacionais foi também muito bem, como atestam os registros em países como Canadá, Irlanda, Itália, México, Brasil e Espanha. Também foi bem na Austrália, Áustria, Croácia, Alemanha, Grécia, Nova Zelândia, Noruega, Portugal, Suécia, Suíça e no Reino Unido.

Demi recebeu certificado de platina triplo no Brasil e ouro na Colômbia, Canadá e México, tornando-se seu maior best-seller internacional até então.

AS FAIXAS DA EDIÇÃO PADRÃO DE DEMI

1. 'Heart Attack' (Allan, Evigan, Douglas, Williams, Phillips, Lovato)
2. 'Made in the USA' (Lovato, Jeberg, Evigan, Chorus, Perkins)
3. 'Without the Love' (Lovato, Squire, Battle, Wexler, Battleroy)
4. 'Neon Lights' (Lovato, Marchetti, Vartanyan, Tedder, Zancanella)
5. 'Two Pieces' (Franc, Allan, Evigan)
6. 'Nightingale' (Lovato, Preven, Radosevich, Barton)
7. 'In Case' (Schmugge, Kiriakou, Renea)
8. 'Really Don't Care' (Lovato, Falk, Yacoub, Kotecha, Lloyd)
9. 'Fire Start' (Rogers, Robbins, Michaels)
10. 'Something That We're Not' (Lovato, Goldstein, Kiriakou, Kotecha)
11. 'Never Been Hurt' (Lovato, Tamposi, Evigan, Johnson, Lomax, Johnson)
12. 'Shouldn't Come Back' (Lovato, Yacoub, Falk, Kotecha)
13. 'Warrior' (Lovato, Goldstein, Kiriakou, Robbins)

Foto: Helga Esteb - Shutterstock.com

FAIXAS BÔNUS

No Reino Unido, *Demi* ganhou duas faixas bônus:
14. 'Give Your Heart a Break' (Alexander, Steinberg)
15. 'Skyscraper' (Gad, Koiv, Robbins)

Na edição brasileira deluxe, *Demi* ganhou cinco faixas extras: 'I Hate You, Don't Leave Me' (Lovato, Bogart, Goldstein, Kiriakou), e versões gravadas ao vivo de 'Nightingale', 'Really Don't Care' e 'Neon Lights'.

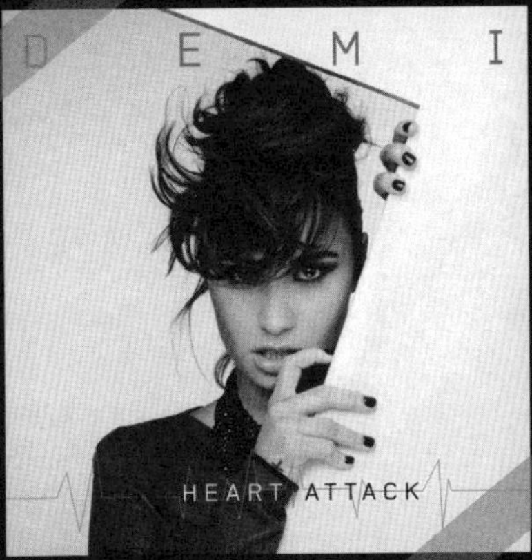

OS SINGLES DE DEMI

"HEART ATTACK" FOI LANÇADO COMO O PRIMEIRO SINGLE DO ÁLBUM, EM 24 DE FEVEREIRO DE 2013. A CANÇÃO FOI ESCRITA POR MITCH ALLAN, JASON EVIGAN, SEAN DOUGLAS E NIKKI WILLIAMS, E PRODUZIDA POR THE SUSPEX. O VÍDEO FOI LANÇADO EM 9 DE ABRIL DO MESMO ANO. DEMI CANTOU A MÚSICA AO VIVO NOS PROGRAMAS DE TV *GOOD MORNING AMERICA* E *JIMMY KIMMEL LIVE*. TORNOU-SE DISCO DE PLATINA EM MAIO DE 2013.

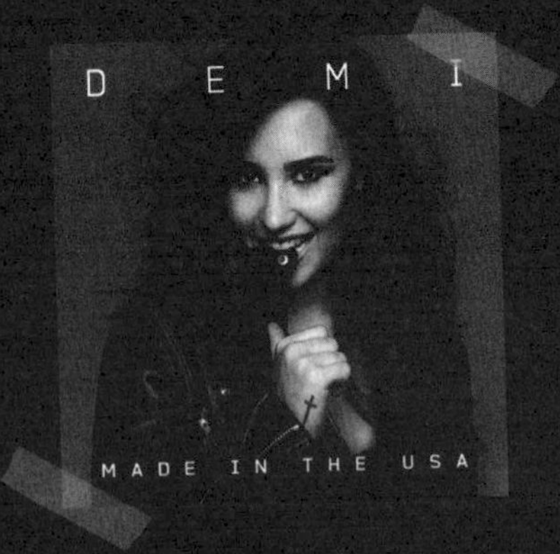

O SEGUNDO SINGLE TIRADO DO ÁLBUM FOI 'MADE IN THE USA', MÚSICA ESCRITA POR JONAS JEBERG, JASON EVIGAN, COREY CHORUS, BLAIR PERKINS E A PRÓPRIA DEMI. FOI PRODUZIDA POR JONAS JEBERG E JASON EVIGAN.

'NEON LIGHTS', O TERCEIRO SINGLE DE DEMI, FOI LANÇADO EM NOVEMBRO DE 2013. 'NEON LIGHTS' TEVE CO-AUTORIA DE DEMI LOVATO COM MARIO MARCHETTI, TIFFANY VARTANYAN, RYAN TEDDER E NOEL ZANCANELLA; TEDDER E ZANCANELLA PRODUZIRAM.

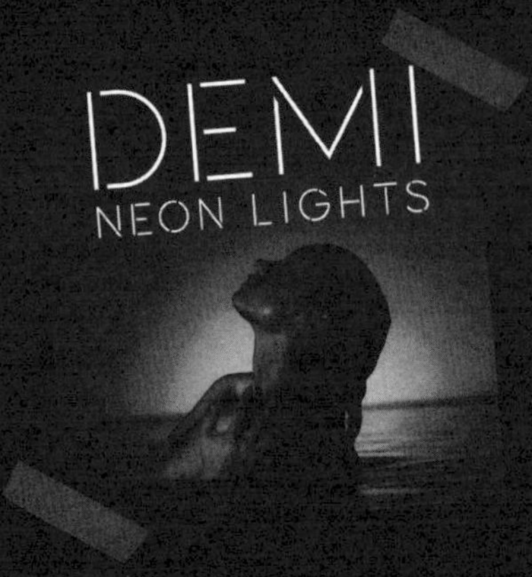

O QUARTO SINGLE, 'REALLY DON'T CARE', CONTA COM A PARTICIPAÇÃO DE CHER LLOYD, E SAIU PARA DIVULGAÇÃO NO DIA 20 DE MAIO DE 2014. A MÚSICA FOI ESCRITA POR CARL FALK, RAMI YACOUB, SAVAN KOTECHA, CHER LLOYD E DEMI LOVATO. ERA A PRÓXIMA MÚSICA "DE TRABALHO" QUANDO DEMI PASSOU PELO BRASIL NA TURNÊ THE NEON LIGHTS TOUR.

Foto: DFree - Shutterstock.com

O primeiro single de *Demi*, 'Heart Attack' chegou à 10ª posição na parada Billboard, tornando-se sua terceira música mais bem colocada nos charts. O ÁLBUM RECEBEU O CERTIFICADO DE DISCO DE PLATINA TRIPLO NOS EUA. FOI O SEU COMPACTO QUE VENDEU MAIS RÁPIDO ATÉ ENTÃO.

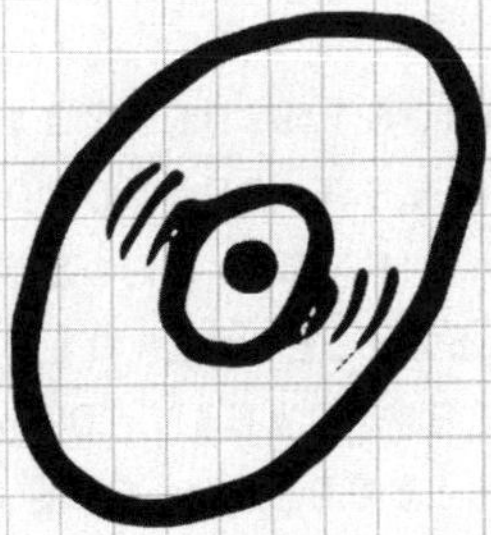

Demi Lovato contribuiu para o álbum da trilha sonora do filme de aventura e fantasia *The Mortal Instruments: City of Bones* (Os instrumentos mortais: Cidade dos ossos) com a música 'Heart by Heart'. A trilha foi lançada em 20 de agosto de 2013.

EM 22 DE AGOSTO DE 2013 FOI ANUNCIADO QUE DEMI HAVIA CONCORDADO EM APARECER EM PELO MENOS SEIS EPISÓDIOS DA QUINTA SÉRIE DE GLEE, FAZENDO A PERSONAGEM DANI. DEMI ESTREOU NO SEGUNDO EPISÓDIO, QUE FOI AO AR EM 3 DE OUTUBRO.

EM NOVEMBRO DE 2013, DEMI LOVATO LANÇOU UM LIVRO, *STAYING STRONG: 365 DAYS A YEAR*, QUE FOI PARA O TOPO DA LISTA DE BEST-SELLERS DO NEW YORK TIMES.

Foto: Helga Esteb - Shutterstock.com

Foto: Helga Esteb - Shutterstock.com

PUBLISHER
Kaíke Nanne

EDITORA EXECUTIVA
Carolina Chagas

COORDENAÇÃO DE PRODUÇÃO
Thalita Aragão Ramalho

REALIZAÇÃO
CRIATIVO
MERCADO EDITORIAL

PUBLISHER
Carlos Rodrigues

DIRETORA FINANCEIRA
Esilene Lopes de Lima

DIREÇÃO DE ARTE
Marcial Balbás

EDITOR
René Ferri

CAPA
Alexandre Jubran

Este livro foi impresso no Rio de Janeiro, em 2015,
pelo selo Agir. O papel do miolo é
offset 75g/m², e o da capa é cartão 250g/m².